Dietrich Esterl
Streben und Nöte
des Dr. Androj Possow

ROSEN-BIBLIOTHEK
Band 23

Dietrich Esterl

Streben und Nöte
des Dr. Androj Possow

Seitenblicke auf das Anthroposophen-Dasein

Mit Zeichnungen des Autors

Rosen Bibliothek

ISBN 3-8251-7723-8

Erschienen 2004 in der Rosen-Bibliothek
im Verlag Urachhaus, Stuttgart

Umschlaggestaltung: U. Weismann unter Verwendung
einer Zeichnung von Dietrich Esterl
Gesamtherstellung: Freiburger Graphische Betriebe, Freiburg

Hinweis: Alle Ähnlichkeiten, mit welcher Persönlichkeit auch immer, sind gänzlich unwahrscheinlich.

POSSOW hat zum Ziel gestellt
sich die Besserung der Welt.
Und seit über vierzig Jahren
gibt er das, was er erfahren
aus den dreimal hundert Bänden,
die daheim in seinen Wänden
er studiert, vertieft, erübt,
an die Menschheit, ungetrübt,
selber Vortrag-haltend weiter
als der Zukunft Wegbereiter.
Doch die Welt wird immer böser.
Und so fragt sich der Erlöser:
Warum hört von denen keiner
auf das Wort von Dr. Steiner?

Vielleicht muss er sich selber raten:
Alles geht nicht mit Zitaten!

POSSOW, tieferen Entschlüssen
folgend, will nicht sehen müssen,
was die Welt dem Sehorgan
zeigt nur als Erkenntniswahn.
Er beschließt, den Weg zu gehen,
der ihn führt zum Hellersehen.
Also um den Blick, den trüben,
Schritt für Schritt für Schritt zu üben,
sammelt er zunächst die Worte,
die er an berufnem Orte
findet, nützlich zum Behufe,
ihm die Augen Stuf' um Stufe
zu eröffnen für den Geist.

Wie bei hohen Zwecken meist,
sind es zum erstrebten Ziele
dann der Schritte viel zu viele.
Vorerst hofft er, leicht belämmert,
dass es wenigstens mal dämmert.

POSSOW ist der Kunst verfallen,
denn die ist der Weg zu allen
tieferen Erkenntnisquellen
(das besagen viele ›Stellen‹).
Montags geht er sprachgestalten,
um die Seele zu entfalten.
Dienstags will er plastizieren,
um den Tastsinn zu justieren.
Mittwochs fehlt die Kunst für ihn,
denn da ist der Zweigtermin.
Um den Ablauf nicht zu stören,
übt er, künstlerisch zu hören.
Donnerstags muss Farbenschichten
er zu Stimmungen verdichten.
Freitags treibt er Stimmenthüllung
als des Menschen Selbsterfüllung.
Samstags spielt er mit Emphatik
in der Gruppe für Dramatik.
Sonntags übt er auf der Leier
pentatonisch und auch freier,
und als Tüpfelchen aufs ›i‹
treibt er täglich Eurythmie.

Doch nach langer Kunstdurchtränkung
ahnt er: Die Beschränkung
auf ein einziges Gebiet,
das ihn dann als Könner sieht,
ist vielleicht doch vorzuziehen
allen Übungstheorien.

Possow will ganz im Vertrauen
wissen, was die andern schauen
aus vergangnen Erdenleben:
Wo, vor allem: wer sie eben
einmal waren auf der Erde
im Verlauf des »Stirb und Werde«.
Das Ergebnis seiner Suche
trägt er ein in einem Buche,
um die Funde zu belegen
seiner Karmaforschung wegen.
Jeder der befragten Leute
will, dass er etwas bedeute
in vergangner Geistgeschichte.
Und so zeigen die Gesichte
wie im Tempel von Walhalle
ihm die Geistesgrößen alle;
allerdings nicht isoliert,
sondern mehrfach dupliziert.
Dreimal lernt er Platon kennen,
fünf sich Dostojewski nennen,
sieben lebten als Novalis,
zwei vermuten sich als Thales,

dreißig waren Eingeweihte
oder standen dem zur Seite.
Goethe kommt, was ihn doch wundert,
auf die Zahl von beinah hundert.
Nirgends aber findet man
jemanden wie Eckermann.

Und aus allem lernt er auch:
Namen sind hier Schall und Rauch.

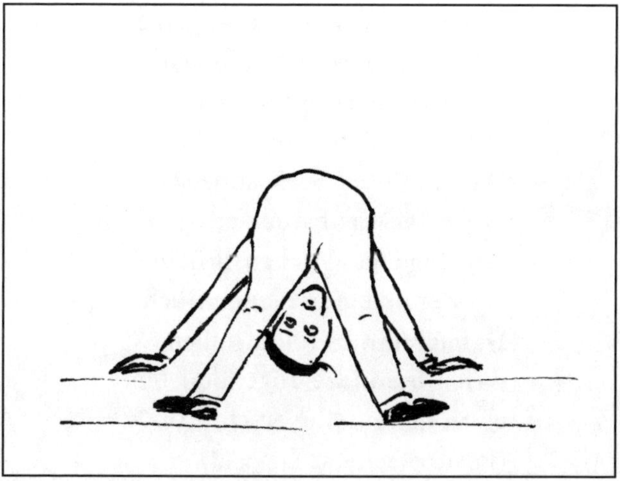

POSSOW teilt den Tag sich ein,
um ein Übender zu sein,
für der Schulung Schritte streng.
Doch die Zeit wird ihm zu eng:
Morgens in der ersten Stunde
lauscht er in dem Seelengrunde,
was die Seele und das Ich,
während des die Nacht verstrich,
in der andern Welt vernommen
und vielleicht auch mitbekommen.
Nach dem ersten Zähneputzen
meditiert er zu dem Nutzen
der beruflichen Geschäfte.
Dreier Sprüche innre Kräfte
lässt er in der Seele sprossen.
Wenn das Frühstück er genossen,
liest er jenes Wochensprüchlein
aus dem kleinen blauen Büchlein.
Danach gilt es festzustellen,
welch besondre Tugendquellen
er an diesem Tag erschließe.
(Positiv-Sein ist Devise!)

Nächstens tut er seine Schritte
in des eignen Wesens Mitte,
um sich selber zu erkennen
und genauere Antennen
nach dem Geiste auszufahren,
die Organe aufzuklaren.
Nachmittags sitzt er im Kreise,
um auf diese Art und Weise,
unter Freunden, geistverwandten,
die ihm bisher unbekannten
Weltaspekte zu erschließen
und Gemeinschaft zu genießen.
Um die Kenntnis zu entwickeln,
folgt das Studium der Zyklen
nach GA, mit Zettelkasten.
Dieses fordert seine Zeit. –
Danach fühlt er sich bereit,
ein bewusst verlegtes Stück
an den alten Platz zurück
mit Bedacht zu transportieren.
Jetzt erfolgt das Meditieren;
auch die Rückschau fordert Raum

an des Tages spätem Saum.
Nach Entschlüssen für das Morgen
löst der Schlaf die Schulungs-Sorgen.

Manchmal melden sich Bedenken
über solches Tageslenken,
denn in seinem Höherstreben
kommt er gar nicht mehr zum Leben.

POSSOW hat die Wissenschaft,
die geheime, durchgeschafft.
Und erfüllt vom Sinn des Ganzen,
Engeln, Menschen, Tieren, Pflanzen,
Steinen, Sternen, Erdzuständen,
Hierarchien, Zeitenwenden,
will er alle, die er kennt,
weil's ihm auf der Seele brennt,
überzeugen von der Wahrheit
und des Weltengeistes Klarheit.
Er versucht auf vielen Wegen
seine Weltschau zu belegen.
Aber seinen Zeitgenossen
bleibt die Einsicht doch verschlossen,
weil sie nicht dem Geiste trauen,
nur auf die Materie schauen;

und erschüttert stellt er fest,
dass Geist sich nicht beweisen lässt.

POSSOW übt Naturbetrachtung
unter peinlichster Beachtung
goetheanistischer Methoden.
Und auf diesem Geistesboden
sucht er nun mit Denkgewalt
die ätherische Gestalt.
Setzt er sich vor einen Baum,
transponiert er aus dem Raum
ihn in seine Zeitenform,
und die Wirkung ist enorm:
Er bemerkt, wie aus dem Samen
in bestimmtem Umweltrahmen
sich der Schössling leicht entfaltet
und zum Stängel sich gestaltet.
Und in der Diastole
treibt er langsam in die Höh,
metamorphosierend deutlich
seine Blätter, bis er bräutlich
prangt in seiner Blütenpracht.
Schließlich schwellen, reifen sacht
seine Früchte, und im Sterben
kann der Erde er vererben

seinen nächsten Samenstoß
in den dunklen Erdenschoß.
Und so endet seine Schau.

Nachher weiß er nicht genau:
War nun die Gestalt im Hirne
Apfel, Zwetschge oder Birne?

Possow wartet Jahre schon
auf die Imagination.
Er erübt sich alle Stufen,
um das Hellsehn aufzurufen
inspira- und tuitiv.
Aber irgendwas geht schief.
Niemals stellt von selbst sich ein
so ein Bild im Farbenschein,
weder Aura noch Astrales,
sichtbar ist nur Erd-Normales.
Wenn's doch wäre wie im Kino
oder wie bei Spielbergs Dino,
so mit Spiegel oder Tele,
hofft er in der tiefsten Seele.

Possow hat wohl nicht bedacht:
Schauen wird hier selbst gemacht.

POSSOW sieht die Welt mit Riesen-
schritten in den Abgrund fließen.
Und die Wurzel der Verheerung
ist die stetige Verkehrung
in den drei sozialen Gliedern
unter seinen Menschenbrüdern.
Also fühlt er die Mission
auch in seinem Kreise schon,
das Soziale zu gestalten
so, dass richtig sich entfalten
Wissenschaft und Kunst und Lehre
in totaler Freiheitssphäre,
und daneben, schön getrennt,
alles, was als Recht man kennt,
unter dem Prinzip der Gleiche.
Dann im eigenen Bereiche
soll das Wirtschaftsleben schaffen
und, statt nur für sich zu raffen,
brüderlich für alle wirken
in den Produktionsbezirken.
Doch er müht sich meist vergebens,
alle Taten seines Lebens

in des Tages Hin und Wider
einem der besagten Glieder
zuzuordnen streng und klar.
Und dabei wird offenbar:
Stets vermischen sich die drei
zu sozialem Allerlei.

Dann beginnt ihm doch zu schwanen:
Gliederung ist bei Organen,
ob sozialen oder auch
solchen, die in Kopf und Bauch,
nicht durch Trennung nur zu finden.
Irgendwas muss man verbinden.

POSSOW lässt das keine Ruh;
und so wendet er sich zu
dem sozialen Organismus
mit Erkenntnisoptimismus.
Dreigegliedert muss er sein,
und das leuchtet jedem ein:
Schließlich ist die Grundidee
klar wie reiner, weißer Schnee!
Er befragt die Freunde alle,
wie sie denn im Einzelfalle
als Experten, Koryphäen
das Problem der Glied'rung sähen.
Und er hört von diesen Leuten
jeden alles anders deuten.
Schließlich hat er den fatalen
Eindruck: So wie im Sozialen
herrschen sonst in keiner Sparte
Meinungsvielfalt und aparte
Lebensinterpretation.

Bei der zehnten Deutung schon
merkt er: Theorie und Praxis
trennt die Breite der Galaxis.

POSSOW frequentiert durch Jahre
anthroposophische Seminare.
Erst war er auf dem für Priester –
nur zwei Jahre. Dann genießt er
vier Trimester das für Jugend
und erlernt Gemeinschaftstugend.
Während einer Zwischenphase
steckt er kurz noch seine Nase
in Erkenntnistheorie
und soziale Therapie,
beides jeweils ein Semester.
Für die nächsten Jahre lässt er
nieder sich in Dornachs Dunst
und studiert die Schauspielkunst.
Ein Trimester noch Regie,
dann belegt die Eurythmie
ihn für Jahre mit Beschlag:
Hamburg, Stuttgart und Den Haag.
Schließlich, als die letzte Stufe,
folgt er einem innern Rufe
und in seines Weges Logik
lernt er Waldorfpädagogik.

Allgemeine Menschenkunde,
Plastizieren, Märchenstunde,
die Methodik und Didaktik,
Vorbereitung, Stundentaktik,
rhythmisch teilen, Temperamente,
aller Fächer Elemente,
künstlerisch den Stoff gestalten;
alles gilt es festzuhalten.
Nach der langen Studienzeit
ist fürs Lehren er bereit.

Binnen eines halben Jahres
nach dem Schluss des Seminares
lässt er Schule Schule sein,
denn die vierzig Kinderlein
zeigen ihm: die Theorie
reicht für die Erziehung nie.

Possow, der als Architekt
menschgemäßen Bau bezweckt,
hat den Auftrag, den fantastischen,
einen ganz organisch-plastischen
Kindergarten zu entwerfen.
Mit sensiblen Künstlernerven
fasst er die Ideenschau:
einen Doppelkuppelbau,
rechts und links mit Gruppenräumen,
die wie Blütenblätter säumen
die zentralen Säulensäle.
Metamorphe Kapitelle,
wandelnd die Planetensphären
zwischen hohen Wölbungskehren,
zeigen Trag- und Lastgewalten
in organischen Gestalten.
Alles soll dem Kind entsprechen,
Farbe, Material und Flächen.
Darum ist der Bau aus Holz,
farb-lasiert (drauf ist er stolz),
wechselnd stets konvex – konkav
bis hinauf zum Architrav

über zwiegekrümmten Wänden.
Kosmisch ist's: man greift's mit Händen,

doch man findet nirgendwo
in dem ganzen Bau ein Klo.

Possow wird seit Jahr und Tagen
umgetrieben von den Fragen
nach der Esoterik Quelle.
Denn er spürt: An dieser Stelle
liegt die Krise seines Strebens
und des Geist-Erkenntnislebens.
Zwar beherrscht er reines Denken,
kann mit Fantasie durchtränken,
was er aus der Wissenschaft
hergeholt mit eigner Kraft,
praktiziert mit Energie
die Erkenntnistheorie.
Doch die Sicht der wahren Geister
dankt er doch nur seinem Meister.
Und so bleibt er auf dem Boden,
trotz der richtigen Methoden,
diesseits- und gehirnbefangen
seiner eignen Grenzen hangen.

Trost für solche tiefen Nöte
liefert hier der alte Goethe:
Sehen bleibt nur leerer Wahn
ohne tätiges Organ.
Fehlt es, ist es deine Schuld:
Üb' es! Warte mit Geduld!

POSSOW soll an allen Enden
für die gute Sache spenden:
Waldorfschulen, Kindergarten,
Künstlerstätten aller Arten,
Altenheim und Krankenhaus,
Pläne eines Kirchenbaus,
für Verlage vor der Pleite,
Windkraftwerke, für befreite
Interessenten und Studenten
aus dem Osten samt Dozenten,
freies Therapeutikum,
Seminar im Baltikum;
für die Arbeit der Sektionen,
Anteilscheine von Millionen
für den Goetheanumhügel,
Parkhaus oder Tagungsflügel,
sicher aber Saalgestaltung;
für die Nachlassbuchverwaltung,
Forschung auf dem geist'gen Feld;
eigne Banken brauchen Geld.
Hilfe in den Slums von Rio,
die Genossenschaft für bio-

dyn gepflegtes Korn, sowie
Studienfonds für Eurythmie,
Festivals von Idriart
und für den geplanten Start
eines Zweiges in Taschkent,
für ein neues Instrument
einer Schule für Gymnastik,
eine neue Kirchenplastik,
für bedrohte Medizin
und ein Forum in Berlin.

Possow will sich nicht entscheiden!
Und am Ende seiner Leiden
weicht er allen Bitten aus
und kauft sich ein Ferienhaus.

POSSOW ist als Geistnatur
doch von zarterer Statur.
Daher wird die Erdenhülle
stets geplagt von einer Fülle
von organischen Beschwerden,
die vom Arzt behandelt werden.
Konsultiert wird freilich nie
einer der Allopathie.
Er vertraut schon fast fanatisch
nur dem Weg, der homöopathisch
an der Leiden Wurzel geht.
Und für seine Dauerkur
konsumiert er folgsam zur
Therapie und prophylaktisch
– zwar zuweilen wenig praktisch –,
was der Arzt ihm zugedacht,
stündlich über Tag und Nacht.
Salben, Tropfen potenziert,
Tees, Ampullen rhythmisiert,
Öle, Pillen und Tabletten,
Gel, Essenzen und Kompretten:
Ferr. phosphoricum und Cactus

grandiflorus je D 10,
Crataegus D 6, Arsen,
Cuprum met. cum formica,
in D 60 Arnica,
dazu Baldrian D 4,
Carbo, Schlehenelixier.
Aufgesprüht auf Globuli
ein Extractum coccoli,
subcutan gespritzt Genzydo,
siebenmal am Tag Infludo,
Cardiodoron 4 x täglich,
Quarz D 3 und falls verträglich
Kräuterbad mit Rosmarin. –
Im Vertrau'n auf Medizin
schleppt er seine Dauerplage
durch die Jahre, durch die Tage.

Und bei allen ungelösten
Leiden kann sich Possow trösten:
Hilft's nicht jetzt, dann hilft es eben
in dem nächsten Erdenleben.

POSSOW sieht sich zu der Welt
ganz verschieden eingestellt:
Dreifach ist sie ihm gespalten
und mit ihr auch sein Verhalten.
Erstens: Was er ist und tut,
das erscheint ihm selten gut.
Und er leidet seine Qualen
an den Mängeln des Realen.
Für der Seele Drang nach Klarheit,
Schönheit, Güte, Kraft und Wahrheit
holt er andrerseits die Nahrung
aus der Geistesoffenbarung.
Hier erfährt er unverstellt
Harmonie und Ziel der Welt.
Die Extreme zu verbinden
und die Einheit hier zu finden,
sucht er eifrig eine Brücke
für den dritten Raum: die Lücke.
Im Verein mit Geistgenossen,
die wie er sich daran stoßen,
findet er ein Wundermittel,
um das unbequeme Drittel

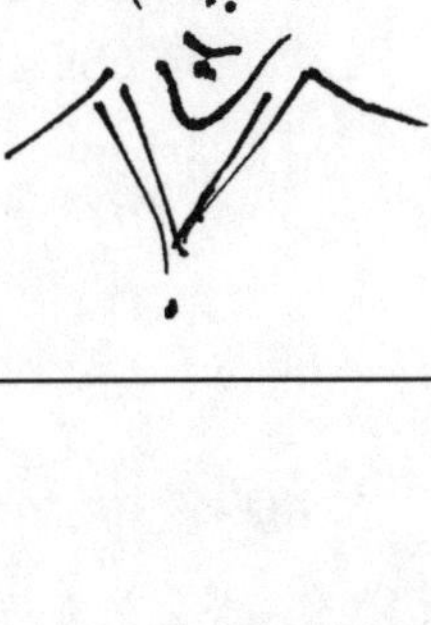

zwischen Ideal und Leben
immer wieder aufzuheben:
»Eigentlich und an und für sich
(dieses ›eigentlich‹ ist wichtig!)
müsste, sollte, könnte man
(hier kommt auf das ›man‹ es an!)
im notwendigen Bereich
unbedingt, vor allem gleich
oder später irgendwie,
jedenfalls mit Energie,
dieses und auch jenes tun.«

Damit lässt sich trefflich ruhn
auf der Richtigkeit des Zieles.
Gut gelöst ist damit vieles,
denn die Form der Möglichkeit
schafft die Über-Wirklichkeit.
Endlich ist die Brücke da:
Was nicht ist, das könnte ja!

POSSOW, immer strebensbrav,
liest, dass er in tiefem Schlaf
eigentlich den Nebenmann
täglich nur erleben kann.
Dem will er ein Ende machen
und am anderen erwachen.
So hat er sich vorgenommen,
jeden beim Entgegenkommen
gleich zu grüßen wachen Blicks.
Doch der andre merkt meist nix!
In Gesprächen forscht er drum
nach dem Individuum,
um in ihm als Spiegelwesen
wach sich selber abzulesen.
Was er jenem offenbart
ganz in seiner eignen Art,
wird vom andern nicht vernommen.
Der versteht ihn nur verschwommen
oder aber stetig miss–!
Alles Mühen hilft nicht, bis

Possow zur Erkenntnis kommt,
welche ihm und andern frommt:
Schwierig ist's, wenn man erwacht,
weil das immer Ärger macht.
Also schläft er weiter und
hält fortan auch seinen Mund.

POSSOW gründet eine ›Stätte‹,
weil die Welt sie nötig hätte,
für vertiefte Studien
und auch die Präludien
allgemeiner Welterkenntnis.
Außerdem hilft Selbsterkenntnis
zur bewussten Lebensführung.
Und die reiche Kunsterspürung
im sozialen Miteinander
unter Führung sehr bekannter
Leiter, Lehrer und Dozenten
gibt gewillten Absolventen,
gleich aus welchen Altersstufen,
Konfessionen und Berufen,
endlich, was sie immer wollten
oder aber wollen sollten.
Also steht es im Prospekt
für das Institutsprojekt.

Leider führt die Konkurrenz
schließlich nur zur Insolvenz.
Allzu viel geniale Leute
gründen eine ›Stätte‹ heute.
Possow sieht nun: auch das Gründen
zählt zu seinen Lebenssünden.

POSSOW will sein Institut,
wie's ein Zeitgenosse tut,
als ein Glied im Geistesleben
(lebend in der Freiheit eben)
doch als Republik verwalten,
da dies das Sozialgestalten
unter Geistesfreunden fordert.
Und an Donnerstagen ordert
er die ganze Lehrgemeine,
dass sie sich mit ihm vereine
freiheitlich in Pflichtpräsenz
zu der ersten Konferenz.
Als der Gründer, Vorbereiter
ist natürlich er der Leiter.
Dann durch die Kooptation
nennt für jede Kommission
innerhalb der Selbstverwaltung
er Personen und Gestaltung,
und die allgemeine Stille
deutet er: So ist der Wille!

Ziel ist ihm der freie Geist.
Für die Mitarbeiter heißt
das Ergebnis aber nur:
Selbstverwaltungsdiktatur.

POSSOW blickt am Jahresschluss
rückwärts auf den Hochgenuss
vieler Geistes-Eminenzen
beim Besuch von Konferenzen,
Tagungen und Seminaren,
die dem Ziel gewidmet waren,
alle wesentlichen Themen
in sein Leben aufzunehmen.
Zu Kongressen, Arbeitswochen
schleppt' er seine müden Knochen.
Bildungsreisen, Festivals
war'n Erholung allenfalls.
Dann begann erneut die Plage:
Kurse, Kreise, Schulungstage.
Und am Ende jedes Jahres
seufzt er müde: So, das war es!

Zwar kam er im Geist nicht weiter,
doch das Sitzfleisch wurde breiter.

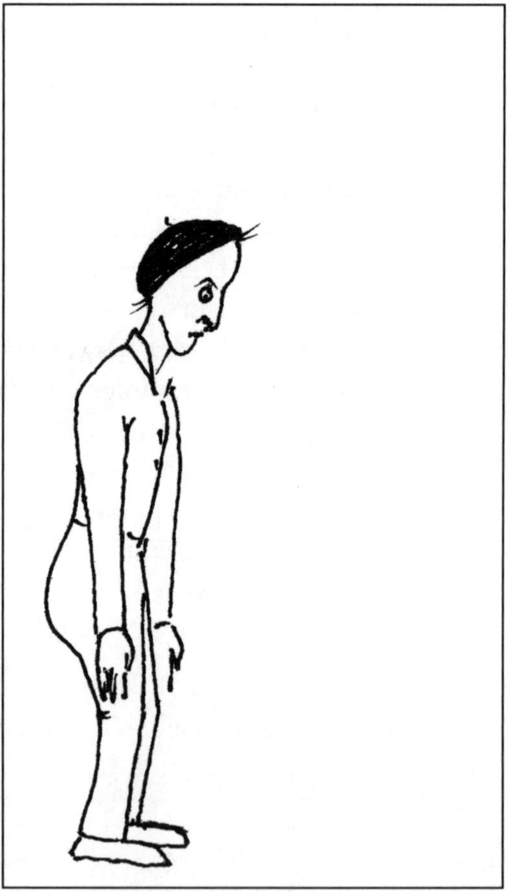

POSSOW fühlt sich involviert,
wenn's ihn auch direkt nicht schiert,
in das heftige Gestreite:
War der große Eingeweihte
in den Windeln schon ein Seher?
Oder hat auch er in zäher
Menschenmühsal sich entwickelt?
Possow sieht sich ganz zerstückelt
von der Argumente Wucht.
Schließlich hilft ihm nur die Flucht
in die Weisheit der Geschichte.
Die besagt in großer Schlichte:

Ob im Denken, in der Handlung:
Geist beweist sich nur durch Wandlung.

Possow fühlt im Untergrund
seiner Seele einen Schwund
wirklicher Zufriedenheit.
Und so ist er schnell bereit,
sich vertrauensvoll zu wenden
an Berater, welche spenden
(für enorme Kostensätze)
Einsicht in die Grundgesetze
biografischer Entwicklung.
Nach erfolgreicher Zerstücklung
des vergangnen Lebensgangs,
aufgegliedert schön entlangs
der Jahrsiebte, Mondesknoten,
herrschenden Planetenboten,
sieht er nun im Panorama
vor sich stehn sein Lebensdrama.
Und die Wurzel seiner Krise,
deutet man ihm schließlich, ließe
auch für einen Seelenblinden
sich in früh'ster Kindheit finden,
wo er an dem Daumen lutschte
und der Kieferstand verrutschte.

Auch die frühe Pubertät
hat die Folgen schon gesät,
die ihm jetzt am Herzen nagen.

Da will er nun lieber fragen,
was die gegenwärt'ge Welt
ihm als Forderungen stellt
und die Zukunft noch verlangt,
als nach dem, woran er krankt.

Possow forscht in weiten Kreisen,
ob der Weg sich lässt beweisen,
den er selbst zum Geistesschauen
geht in völligem Vertrauen,
dadurch dass vielleicht ein andrer
Seelen- oder Geisteswandrer
schon das innre Auge kennt,
das bei ihm, noch impotent,
nach dem rechten Lichte lechzt,
unterm Übungsjoche ächzt.
Und dann findet er – o Wunder –
auch noch andre Geist-Erkunder.
Und nach fleißigem Getest
stellt er mit Erstaunen fest:
Da – sieht doch einer
anderes als Doktor Steiner!
Possow wankt im tiefsten Kern,
denn wo bleibt ihm nun sein Stern?

Will er nicht nur auf Vertrauen
zu den Kontrahenten bauen,
muss er letzten Endes gehen
doch den Weg zum selber Sehen.

Possow folgt der Direktive:
Sei ein Mensch der Initiative!
Also plant er eine Tagung
unter Ferien-Entsagung,
gründet für Gespräche Kreise,
will in Kursen haufenweise
in die Welt Bewegung bringen,
tätig sein vor allen Dingen.

Leider kommen trotz Programmen
Hörer nachher nicht zusammen.
Und er lernt, dass, ungefragt,
Initiative doch versagt.

POSSOW will das Denken üben,
denn der Weg ins geist'ge Drüben
führt nur über seine Kraft.
Die Methode, die es schafft,
Sicherheit zu induzieren,
sei das Geometrisieren,
wenn es nur synthetisch gehe,
also projektiv geschehe:
Dieses sei die Schwelle schon
zu der Imagination.
Also denkt er sich zur Geraden,
dem unendlich langen Faden,
welcher rechts und links entschwindet,
einen Punkt, der ihn verbindet
in der ewig fernen Weite.
Und er denkt in ganzer Breite
die unendlich ferne Fläche,
die zum krummen Raum sich breche.
Punkte, Ebenen und Strahlen
nur im Kopfe, ohne Zahlen
zum Unendlichen gerichtet,
schneidet er und dehnt und dichtet,

stellt sie sich als Büschel vor,
und der Elemente Chor
führt zu neuen Punkten, Strahlen,
Flächen und ganz kolossalen
Raum- und Gegenraumesbildern,
die ihm im Gehirne wildern.

Possow spürt bald sehr erschreckt:
Hier versagt sein Intellekt.
Er beschließt, den Weg nach drüben
doch an anderem zu üben.

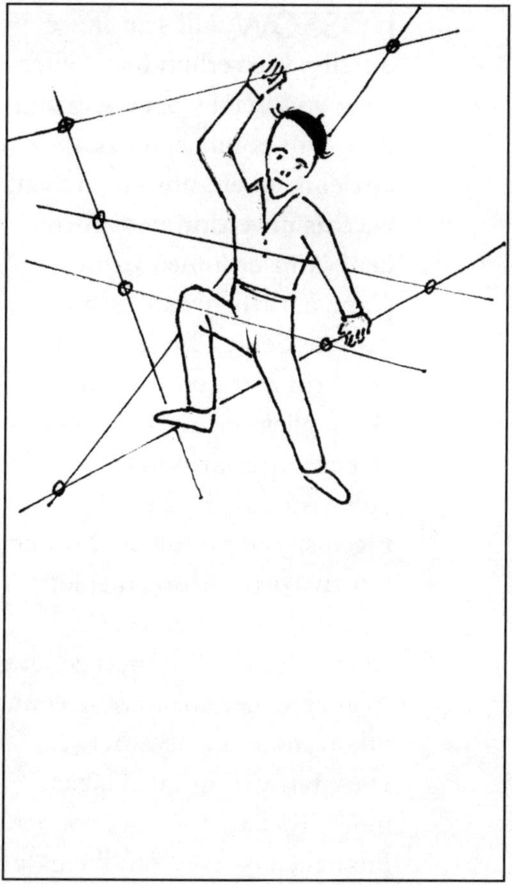

Possow will sein innres Streben
durch naturverbundnes Leben
auch von Leibes-Seite stützen.
Also will er nur benützen,
anziehn, essen, um sich haben,
was als unverdorbne Gaben
der Natur er finden kann.
Ganz natürlich zieht er an,
was aus Seide, Wolle, Leinen
wohl tut zarteren Gebeinen.
Diese pflegt er mit Lavendel-
salben, Rosmarin und Quendel.
Solepaste für die Zähne,
Eigelbshampoo für die Mähne,
bio-dyn-Ernährung meidet,
was er durch Chemie erleidet.
Auch in seiner Wohnumgebung
folgt er seiner Grundbestrebung:
Pflanzenöle, Bienenwachs.
Die Matratze ist aus Flachs,
innen Torf zum Schutz vor Strahlung.
Pflanzlich ist die Wandbemalung.

Holz und Sisal deckt den Grund.
Kurz: er nimmt nur, was gesund.
Und er fährt mit seinem Ford
weit umher von Ort zu Ort,
um fürs rechte Lebensführen
Materialien aufzuspüren.

Weil er hasst, was tiefkühl-frisch,
stirbt er an verdorbnem Fisch.

POSSOW liest, leicht irritiert,
dass man einfach kritisiert,
was da unter Geistgenossen
aus den Federn ist geflossen.
Bisher, wenn auch mit Verdruss,
lobte man doch jeden Stuss,
um der ›Sache‹ nicht zu schaden.
Und so ließ man sich verladen
durch Zitate, Exegesen,
wörtlich oder falsch gelesen,
ließ sich ein auf den ›Aspekt‹,
sei er noch so sehr suspekt.
Schließlich gibt es viele Pfade,
krumme, wirre oder gerade,
auf dem Feld der geist'gen Wahrheit.
Possow fand nur selten Klarheit.

Jetzt bekennt er, leicht genierlich,
weil's vielleicht nicht recht gebührlich:
Auch vor unsern eignen Türen
sollte man ruhig kritisieren.

POSSOW lernt im Lauf der Zeiten
auch konträre Lebensseiten
ohne viel Gewissensstöhnen
miteinander zu versöhnen.
So entwickelt er den Geist,
wie's sein höh'res Ich ihn heißt.
Aber auch dem Angenehmen,
Komfortablen und Bequemen
ist er durchaus zugeneigt,
wie die Lebensführung zeigt.
Gerne tanzt er nächtens Tango,
isst statt Bio-Äpfel Mango,
schätzt begleitet Wellnesskuren,
Italien auf Goethes Spuren,
darf dann auch mit Augenzwinken
ab und zu ein Gläslein trinken.

Kurz: sich nach dem Geiste richten,
heißt wohl nicht, auf alles zu verzichten.

Possow weiß, dass Geist-Erringung
hängt an einer Grund-Bedingung:
Will er Welt- und Menschenwesen
aus dem Raum der Täuschung lösen,
muss er erst sich selbst ergründen,
seine Schranken, seine Sünden.
Also sucht er seine Makel,
wie es fordert das Orakel
bei den alten Griechen schon
in delphinisch heil'gem Ton.
Er durchforscht nun seine Seele
auf der Spur von jedem Fehle,
der ihm Wollen, Fühlen, Denken
ist imstande zu beschränken.
Er erkennt zutiefst zerknirscht,
als er so sich selbst durchpirscht,
allerenden große Mängel.
Nein, er ist gewiss kein Engel!
(Viel davon erscheint ihm freilich
letzten Endes doch verzeihlich.)
Immerhin, er sieht die Macken,
die es gälte anzupacken. –

Für die Menschen der Umgebung
bleibt die löbliche Bestrebung
völlig ohne Konsequenz,
denn in der Real-Präsenz
ist der Strebens-Matador
unausstehlich wie zuvor.

Selbsterkenntnis hilft nur dann,
wenn man sich auch ändern kann.

POSSOW kennt den Außen-Innen-
Gegensatz durch das Besinnen
auf des Menschen Eigenart,
die in jedem beides paart.
Unter seinen Geistgefährten,
ganz naiven und gelehrten,
lernt er eine neue Haltung
angesichts der Wesensspaltung,
denn man selbst ist ›innen‹ stetig,
und dort lebenslänglich tätig,
sich schlussendlich zu erlösen
von der Außenwelt, der bösen,
diese dann als Außenseiter
ganz von innen her als Vorbereiter
neuer Menschheitsinnenstätten
vor dem Äußersten zu retten.
Possow sieht die Dimensionen
so als Raum der Konfusionen.

Und er flüchtet in den Satz:
Jeder finde dort den Platz
in der Innen-Außenwelt,
an den er sich selber stellt.

POSSOW weiß, die Menschheit geht
über das, wovor er steht:
Auf dem Weg ins Spirituelle
geht es über eine ›Schwelle‹.
Wo dieselbe sich befinde,
ist ihm schleierhaft gelinde.
So wie niemals sich erhellt,
wie er in den Schlaf verfällt,
bleibt ihm dunkel auch der Ort,
welcher trennt das Hier und Dort.
Denn mit seinem Tagesdenken
kann er nicht hinüberlenken
sein Bewusstsein zu dem Geist,
welchen ihm das Dort verheißt.
Und zu allem Überfluss,
hemmend allen Geistgenuss
für die irdischen Gemüter,
stünde dort auch noch ein Hüter:
Das beschrieb ja schon der Franz
Kafka als die Wachtinstanz,
die an des Gesetzes Tor
jeden prüft, der steht davor,

ob er richtig vorbereitet
über diese Schwelle schreitet.
Wehe, wenn man unbedacht
jenen Schritt hinüber macht!
Possow wird es ziemlich bang,
vor besagtem Übergang.

Vielleicht muss er gar nicht ›schreiten‹,
sondern sich nur vorbereiten,
ob er in sich selber findet,
was das Hier und Dort verbindet.

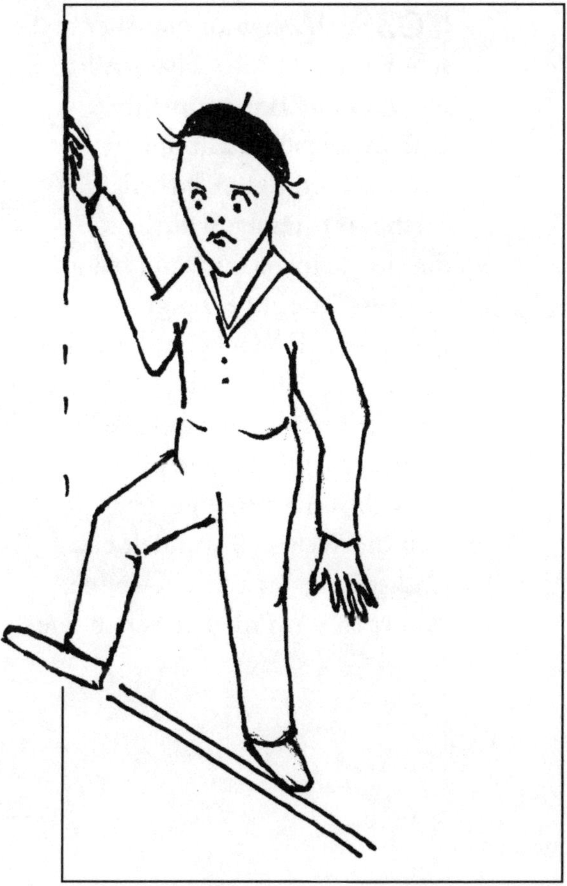

Possow hat an mancher Stelle
schon erreicht die Geisteshelle,
die ihn zur Erkenntnis führt.
Und in solchem Falle spürt
er die unbedingte Klarheit
offenbarer, reiner Wahrheit,
die sich keinem Einwand beugt.
Die vertritt er überzeugt.
Dann – nach Wochen oder Jahren –
muss er schließlich doch erfahren,
dass sie nicht in jedem Falle
zutrifft auf die Fragen alle,
die sich weiterhin ergeben,
weil die Welt sich wandelt eben.
Und so zeigt sich zweifelsohne:
Wahrheit wird nie zur Schablone.

Possow zieht die Konsequenz,
folgt von nun an der Tendenz,
es beim Fragen zu belassen,
statt die Wahrheit fest zu fassen.
Wenn er stets für Neues offen,
kann er auch auf Wahrheit hoffen.

POSSOW wandelt unbeirrt und gerade
auf dem Geist-Erkenntnis-Pfade.
Mit dem weiblichen Geschlecht
schafft er Gleiches nicht so recht.
Schon auf einem Seminar
zieht ihn vor den Traualtar
– ganz in seinem eignen Sinn –
eine hübsche Mitstudentin,
die gemeinschaftliches Streben
wandelt in gemeinsam Leben.
Possow folgt ihr selbstverständlich
und wird liebend eheständlich.
Jährlich zeugt er brav ein Kind,
bis die sechs zusammen sind.
Im verflixten siebten Jahr
(wieder auf dem Seminar)
opfert er Familientreue,
weil er eine (junge) neue
alte Karmabindung spürt,
und der folgt er ungerührt.
Weil sie sich nicht lange bindet
und ein andres Karma findet,

flüchtet er in seinem Frust
an die nächste Damenbrust.
Hier erzeugt er Nummer Sieben;
mehr ist davon nicht geblieben.
Wir verschweigen nunmehr lieber,
wie im Karmasuche-Fieber
er bei mancher andren strandet
und dann bei der Ersten landet.

Da schon längst vorbei die Jugend,
hat es nicht mehr schwer die Tugend.

POSSOW kennt, was Menschengeist
seit Jahrtausenden verheißt
auf dem Weg in Geistgefilde.
Ist genauestens im Bilde,
kennt die beiden Testamente
und die Griechen-Elemente,
Mahabharata und Veden,
von den Zarathustras jeden,
Gilgamesch und Gralsgeschichte,
Schelling, Hegel, Kant und Fichte,
jeden fast der Philosophen,
viele der Avesta-Strophen
und die Mythos-Katastrophen,
Isis, die verschleierte,
wie man chymisch Hochzeit feierte,
Spengler, Schiller, Marx und Goethe
und der Nibelungen Nöte.

Denn das alles las er ja
in der Steiner'schen GA.
Dann auf seinem Forschungspfad
traf er auf den neuen Rat:

Freundchen, lies doch auch einmal
Werke im Original!

POSSOW, zugeneigt dem Interessanten,
bildet sich zum Geomanten.
Hier verdient er gutes Geld
und erkundet so die Welt
jener Geister-Wesensscharen,
die uns als die ›elementaren‹
rings umgeben ungesehen
im wechselnden Naturgeschehen.
Sie leiden, sagt man, große Not,
und so folgt er dem Gebot,
hier zu heilen und zu helfen
Nymphen, Zwergen, Riesen, Elfen.
Hoffend, dass er einst sie schaut,
wenn die Welt er umgebaut
durch sein geomantisch Wirken
in gekränkten Erdbezirken.
Er bereist das Erdenrund
suchend das, was ungesund,
Steine setzt er den Lofoten,
löst im Balkan Strahlungsknoten,
Bächen schafft er rechten Lauf,
lockert Betonblöcke auf.

Zwischen Tibet und Seichellen
pflanzt er Kräuter, öffnet Quellen.
Und bei seinem Weltdurchwandern
merkt dann er und auch die andern:

Umgang mit dem nicht zu Sehenden
hilft nicht immer dem Bestehenden.

Possow, ›Mitglied‹ schon seit
Jahren,
soll zur Jahrestagung fahren,
um im Streit um die Statuten
zu entscheiden zwischen guten,
wahren, falschen oder schlechten
Weltgesellschaftsmitgliedsrechten.
Er versucht, sich mit den Fragen
gewissenhaft herumzuplagen.
Denn, so wissen es die einen,
ist er doch in zwei Vereinen,
was die anderen verneinen.
Lange konnte er vermeinen,
er sei in der ›Allgemeinen‹.
Doch der fehle noch der Geist,
der zur ›Weihnachtstagung‹ weist.
Und da sei ein Bauverein,
in den eigentlich er ein-
getreten sei vor Zeiten,
ohne dies bewusst zu leiten.
Doch es gibt auch Argumente,
dieser sei durch konkludente

Handlung längst schon absorbiert,
in den andern integriert.
So bestünde prinzipiell,
wenn auch noch nicht ideell,
doch nur eine Weltgesellschaft.
Aber die kann ihre Kraft
nur durch neue Paragraphen,
weil die alten ja betrafen,
was noch gar nicht existent
und bestimmt nicht konkludent,
in der Zukunft voll entfalten.
Possow kann sich der geballten
Kraft der argumenteschweren
Antragsfluten nicht erwehren.

Hilflos stellt er sich die Frage,
ob in unsrer Weltenlage
diese Streiterei vonnöten.
So erwägt er auszutreten.

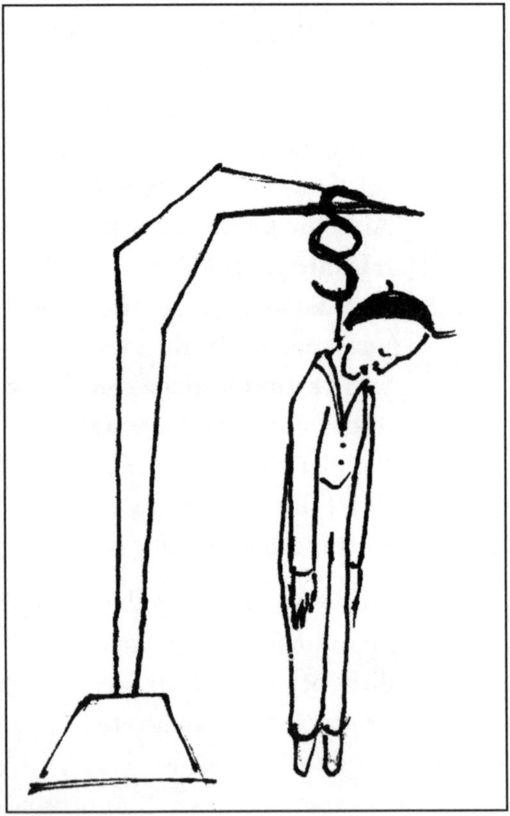

POSSOW denkt sich, altersklug,
schließlich sei es nun genug
der internen Problematik.
Zwar bewegt ihn die Thematik
bis in seines Wesens Kern,
und er offenbart auch gern
seine Leiden an den Mängeln,
die die Ideale gängeln.
Vieles zeigt sich unvollkommen,
die Erkenntnis bleibt verschwommen.
Liegt es an der Widrigkeit
unsrer ach so bösen Zeit?
Oder wurzelt das Gequäle
doch in seiner eignen Seele?

Friede bringt ihm der Gedanke,
dass ein stetiges Geschwanke
doch des Menschen Wesen prägt.
Und indem er dies erwägt,
nimmt er hin als Realist,
was noch nicht vollkommen ist.

Possow findet, dass Papier
für des Menschen Geisterei
auf dem Erdenplane hier
viel zu abgeschlossen sei,
zu begrenzt und viel zu plan,
viel zu dicht, kurz, viel zu ›zu‹.
Und nach langer Forschungsbahn
findet er den Schaffens-Clou:
Statt auf die papierne Gruft
schreibt er seine Werke nun
einfach in die Luft.
Hier, im grenzenlosen Tun,
nur für Geister zu bemerken,
liegt die Lösung seiner Nöte.
Und er schafft an Riesenwerken,
größer noch als die von Goethe.

Geist ist niemals platt real;
wo er steht, ist doch egal.

POSSOW lernt, dass man beim Singen
auch nach kurzer Übung schon
Obertöne lässt erklingen.
So bereichert jeder Ton

sich zur Sphärenharmonie,
und die sonst gehörte Enge
weitet sich zur Symphonie
vormals nie vernommner Klänge.

Erst der Klang der Obertöne
offenbart des Grundtons Schöne.
Possow forscht auf dieser Spur,
ob nicht auch die Sprachnatur

tiefer zur Erfahrung käme,
wenn im platten Wortgedröhne
man auch spräche und vernähme
all die vielen Nebentöne.

Seine Hoffnung aber scheitert,
als er eine Zeit geübt,
denn anstatt dass sie erweitert,
wird die Sprache nur getrübt,

weil ein jeder Ton daneben
nun mit Eigensinn und -leben
durch sich selber stets verneint,
was im Worte wird gemeint.

Was die Nebentöne offenbaren,
sollte lieber sich der Mensch ersparen.

POSSOW konstruiert das Icholot,
denn in einer Zeit des Virtuellen
hat er immer seine liebe Not
Originelles festzustellen.

Was er hört und liest und schaut,
ob Produkte, ob Gedanken,
alles ist doch nur geklaut:
Welt als Fälschung ohne Schranken!

Wenn er seinen Apparat
richtet gegen ein Objekt,
sieht und hört er in der Tat
nur das Ich, das drinnen steckt.

Und so kann er wirklich hoffen,
dass anhand der ›Possow-Skalen‹
– nach oben und nach unten offen –
Scheinbares sich vom Realen

auch nach Geraden trennen lässt.
Das Ergebnis seines Lotes
in dem ersten Eigentest:
Seine Eitelkeit verbot es

Weiteres zu hinterfragen.
Wenn am eignen Tun und Denken
seine Skalen schon versagen,
wem soll er dann Glauben schenken?

So verwirft er seinen Fund
und gibt weiterhin nur kund:
In der besten aller Welten
ist das Originelle selten.

POSSOW sähe gerne sich bestätigt,
dass er auf der Höhe seiner Zeit
ist mit allem, was er täglich tätigt,
und er sucht dafür nach Sicherheit.
Er entwickelt einen Chronometer,
dessen Zeiger durch die Zeiten wandelt,
und der zeigt, ob früher oder später,
wenn sein Träger etwas denkt, fühlt, handelt,
dafür auch der Zeitpunkt aktuell,
kurz, ob zeitgemäß ist, was er tut.
Die Erfindung aber zeigt ihm schnell,
dass sein Wunsch auf Illusion beruht.
Was auch immer er im Leben angefangen,
bleibt stets hundert oder fünfzig Jahre
zu allermindest vor dem Heute hangen,
bildet also höchstens Stoff für Archivare.

Nur die Erkenntnis, dass das Zeitgemäße,
vor allem wenn man es für solches hält,
stets sich zeigt als pure Hypothese,
den Zeiger auf das heut'ge Datum stellt.

Possow schleift sich die Aspekte-Brille,
die bei allem, was er sieht und denkt,
seinen Blick von selber auf die Fülle
aller ungeseh'nen Seiten lenkt.
Damit, so sein kühnes Hoffen,
meidet er den festen Standpunktsblick,
ist für alle Perspektiven offen
und versteift sich nicht auf einen Tick.
So erschließt sich für den Realisten
gleich die ganze Welt des Ideellen,
oder aber für den Spiritualisten
die des stofflich Materiellen.
Wie die Sonne wechselt er
auf der Bahn der Tierkreiszeichen
seine Weltsicht hin und her,
um dem Starren auszuweichen.
Erkenntnis wird ihm so beweglich und erfüllt.

Aber: Hätten alle so die Welt gesehen,
wie's ihm seine Brille auch enthüllt,
wär' in der Geschichte nichts geschehen.

POSSOW baut sich einen Seelen-Tachometer,
der auf seinen farbig unterlegten Skalen
sofort zeigt – nach Wahl auch später –,
was sich im Bereich des Emotionalen
an Bewegung abspielt in dem Her und Hin
zwischen (roter) Sympathie und (schwarzer) Anti-.
Dieser Tacho misst mit feinem Sinn
der Gefühle Quali- und auch Quanti-
täten samt der Grenze, eine selbst gewollte,
die die Seele im Verkehr mit aller Welt
niemals unter- oder überschreiten sollte,
wenn sie menschenwürdig-ausgeglichen sich
verhält.

Ist zu heftig er nun zu- und abgeneigt,
zu empha- beziehungsweise zu apathisch,
holt der Regler ihn zurück und zeigt
ihm die rechte Seelenregung automatisch.
Und so wandelt er auf seinem Mittelpfade.

Für die andern wird er dadurch grässlich fade.

POSSOW sieht im Internet
Steiners Werke ganz komplett
abgescannt zum Runterladen.
Wem zum Nutzen oder Schaden,
ist ihm vorerst noch nicht klar.
Immerhin ist offenbar:
Jeder kann nun – welch Vergnügen! –
über Steiner ganz verfügen,
kann, statt etwas zu studieren,
lauter ›Stellen‹ kumulieren,
ohne den Zusammenhang
mühevoll und seitenlang
jeweils aus den Einzelwerken
zu verstehn und sich zu merken.
Was da gratis wird serviert,
macht den Nutzer informiert,
liefert in Sekunden schon
allerbeste Munition
für Pamphlete, Kommentare,
Exegesen, Seminare.

Possow hofft, man fände dort
mehr als nur das leere Wort.
Mancher, der sich brav vernetzt,
hat sich in die Nesseln nur gesetzt.

POSSOW ahnt durch Lesen, Üben,
was ihn einmal dort im Drüben,
wenn zu Weiterem er startet,
an Erfahrungen erwartet.
Vielfach auf dem Erdenplan
folgte er nur eitlem Wahn
in dem mächtigen Getöse
zwischen Gut und zwiefach Böse.
Und er fragt sich, wie der Mist,
der da hinterlassen ist,
jemals zu verdauen sei
in der Fegefeuerei.
Diese schweren Schicksalsfragen
kann er letztlich nur ertragen,
weil er sicher glaubt zu wissen,
dass in allen Hindernissen,
ob da drüben, ob davor,
eins ihn rettet: der Humor.

Martin Sandkühler

Eulenspiegel, Palmström und Co.

Humoristische Texte, Gedichte, Anekdoten

144 Seiten, gebunden
Rosen-Bibliothek Band 5

Mit Eulenspiegel, Palmström und Nasreddin Hodscha begeben wir uns auf die Reise durch die Welt des Humors. Der Leser wird entführt aus dem oft tristen Alltag – und eingeladen, sich mit einem Augenzwinkern auf die heiteren Seiten des Daseins zu besinnen. – Einige der schönsten humoristischen Gedichte Morgensterns sind Teil dieser vergnüglichen Sammlung.

Renate Birkholz
Ortrun von Toll

Das etwas andere Orgellexikon

144 Seiten, gebunden
Rosen-Bibliothek Band 9

Ein enthüllendes, längst fälliges Büchlein, das aufräumt mit vielen Missverständnissen und bewussten Irreführungen, mit denen nichts ahnende Orgelfreunde seit Jahrhunderten (!) an der Nase herumgeführt werden.

Georg Dreißig

Hinter den Spiegel geschaut

Alltägliche Wunder und so

128 Seiten, gebunden
Rosen-Bibliothek Band 21

Ein Spiegel mit beschädigtem Belag – nur ein Garantie-Fall? Oder gewährt er Durchblick, wo er nicht mehr reflektiert?
In kurzen, wohl komponierten und locker aneinander gereihten Episoden gibt Georg Dreißig wieder, was der durchlässige Belag des Spiegels ihn erkennen lässt. Bitter-süße Alltäglichkeiten und Wunderbares, gewitzt und trocken erzählt, in immer wieder überraschenden Wendungen.

Gudrun Stoewer (Hrsg.)

Ein Flügel streifte mich

Engelsgedichte

128 Seiten, gebunden
Rosen-Bibliothek Band 19

In nahezu allen Kunstgattungen lässt sich die Suche der Künstler nach einem Verständnis der Engel finden. In der Malerei, der Plastik bis hin zum Film drückt sich eine Sehnsucht aus, diese stillen Begleiter begreifen zu können, indem man sie darstellt.
Auch Dichter aller Epochen haben ihren Teil zu dieser Suche beigetragen. Gudrun Stoewer hat eine ganz besondere Auswahl beliebter und zahlreicher unbekannter Texte ausgewählt, die von den beeindruckenden Engelbildern Britta Bastens einfühlsam ergänzt werden.